DEUXIÈME SUPPLÉMENT

AUX

MÉMOIRES

DE

DANIEL DE COSNAC

Par le Comte DE COSNAC (Gabriel-Jules)[1].

Divers documents que nous nous étions procurés postérieurement à notre publication, en 1852, des *Mémoires de Daniel de Cosnac*, nous avaient permis de donner, en 1858, dans le *Bulletin de la Société de l'Histoire de France*, un supplément à ces *Mémoires*; la découverte de nouveaux documents, fruit de nos recherches, nous permet d'y ajouter un second supplément.

D'une volumineuse correspondance entre le cardinal Mazarin, le prince et la princesse de Conti, Daniel de Cosnac et nombre d'autres personnages, correspondance conservée au ministère des Affaires étrangères, dont nous ferons paraître une partie dans notre ouvrage en cours de publication, intitulé : *Souvenirs du règne de Louis XIV*, nous avons détaché pour ce second supplément les lettres ou les fragments de lettres qui rentrent

[1]. Impression faite conformément à la décision prise par le Conseil de la Société de l'Histoire de France, dans sa séance du 1ᵉʳ février 1876.

dans le cadre des événements rapportés dans les *Mémoires de Daniel de Cosnac*.

Nous avons relevé les lettres du cardinal Mazarin sur les minutes mêmes d'après lesquelles ces lettres ont été expédiées ; ces minutes sont écrites tantôt de la main d'un secrétaire, tantôt de la main du cardinal. Nous donnons en entier quelques-unes de ces lettres ; mais, de beaucoup d'entre elles, nous avons extrait de simples fragments.

A la suite de la paix de Bordeaux, du 24 juillet 1653, qui termina la Fronde, le mariage du prince de Conti avec Anne-Marie Martinozzi, nièce du cardinal Mazarin, avait été célébré à Paris, le 22 février 1654. Trois mois après, les nouveaux époux durent se séparer momentanément, le prince de Conti ayant été nommé général en chef de l'armée de Catalogne. De son côté, la princesse de Conti dut quitter Paris avec la cour se rendant à Reims pour le sacre du jeune roi.

Daniel de Cosnac, à peine engagé dans les ordres, mais décidé à suivre la carrière ecclésiastique, ne pouvait continuer ses fonctions de premier gentilhomme de la chambre auprès d'un prince marié; il les avait résignées entre les mains du marquis de Villars. Un évêché lui était destiné en récompense des services rendus en amenant le prince de Conti à terminer la guerre civile, et nullement comme témoignage de gratitude à l'occasion d'un mariage conclu malgré ses avis, ainsi qu'il le constate dans ses *Mémoires*. Le premier évêché vacant venait de lui être promis, lorsque Charles-Jacques de Gélas de Léberon, évêque de Valence et Die, vint à mourir. Le cardinal Mazarin, pour satisfaire le désir de changement de résidence de Jacques de Montrouge, évêque de Saint-Flour, inclinait à donner l'évêché de Saint-Flour à Daniel de Cosnac; mais celui-ci réclamait Valence conformément à la promesse qui lui avait été faite. Nous ne reviendrons ni sur le récit de ses *Mémoires*, ni sur le récit plus plaisant que véridique de l'abbé de Choisy; nous nous bornerons à rappeler que l'abbé de Cosnac, seulement âgé de vingt-quatre ans, ayant à Reims prêché avec succès devant la cour, le cardinal Mazarin lui remit, à sa descente de chaire, le brevet de l'évêché de Valence en lui disant : « Vous nommer évêque au sortir d'un si beau sermon que celui que vous venez de faire, cela s'appelle recevoir le bâton de maréchal sur la brèche. »

Cette nomination de Daniel de Cosnac à l'évêché de Valence devint le point de départ de la correspondance qui va suivre; correspondance qui ajoute un nouvel intérêt à la publication récente des lettres de la princesse de Conti [1].

Le cardinal Mazarin, avant que cette nomination fût un fait accompli, avait voulu être le premier à annoncer au prince de Conti que, bien que secrète encore, elle était certaine; et, quelques jours après, que cette nomination était officielle. Il veut s'en prévaloir auprès du prince comme d'un témoignage d'une particulière affection qu'il a voulu lui donner. Les deux lettres dans lesquelles le cardinal parle de cette nomination, offrent encore l'intérêt historique considérable d'une narration faite par le tout-puissant ministre, de quelques épisodes de la campagne du maréchal de Turenne contre les armées combinées du prince de Condé, des Espagnols commandés par le comte de Fuensaldagne, et des Lorrains commandés par le duc de Wurtemberg. Elles contiennent des conseils et des observations concernant l'armée de Catalogne, et font connaître au prince de Conti que l'évêque de Valence, dont il a apprécié l'éminente capacité, sera désormais son intermédiaire agréable pour toutes les affaires qui le concerneront.

Le cardinal Mazarin au prince de Conti.

« De Rheims, le xie juin 1654.

« Je viens de recevoir la lettre que vous avez pris la peine de m'escrire; les nouvelles assurances qu'elle me donne de l'honneur de vostre amitié ne sçauroient estre plus obligeantes, ny la

---

[1]. *La princesse de Conti d'après sa correspondance inédite*, par Édouard de Barthélemy. L'auteur a commis l'erreur d'attribuer à Daniel de Cosnac, au lieu de ses fonctions de premier gentilhomme de la chambre auprès du prince de Conti, celles d'aumônier; fonctions qui ne lui eussent pas tracé le même rôle, et qu'il n'eût pu remplir, puisqu'il ne reçut la prêtrise qu'avec l'épiscopat. Il est tombé dans une confusion évidente avec les fonctions de premier aumônier que l'évêque de Valence fut appelé plus tard à remplir auprès du duc d'Orléans.

reconnoissance que j'en ay plus parfaite. Je vous supplie d'en estre bien persuadé, et que les sentiments d'estime et de tendresse que j'ay pour vous sont plus forts que je ne puis vous exprimer. Je suis ravy de voir que vostre santé n'ayt point encore esté altérée par la fatigue et les incommoditez du voyage, et s'il est suivi d'une partie des prospéritez que je vous souhaitte, vous ferez une campagne bien avantageuse pour le service du Roy et bien glorieuse pour vous. Vous ne devez pas doubter que je n'y contribue de tout ce qui pourra despendre de mes soins, et que sy je rencontre quelque impossibilité à vous procurer toutes les choses que vous désireriez, je n'en souffre autant de peine que vous-mesme. Du reste, Monsieur, l'évesché de Valence, qui est une pièce fort considérable, ayant vacqué, je me suis aussy tost souvenu de l'abbé de Cosnac, et je l'ay demandé pour luy à Leurs Majestez, qui le luy ont accordé avec plaisir. La chose n'est pas encore déclarée, mais je puis vous dire confidemment, comme je le luy ay dit aussy en secret, que c'est une affaire faite. Vous ne souhaitterez jamais rien de mon service que je ne fasse avec la mesme chaleur, et en quoy je ne tasche de vous tesmoigner qu'on ne peut estre plus que je ne suis...

« Je vous conjure, Monsieur, de m'excuser sy je ne vous escris pas de ma main, et vous suplye d'en user de mesme, et de me croire que je seray toujours avec passion.....[1] »

LE CARDINAL MAZARIN AU PRINCE DE CONTI.

« De Réthel, le 24 juin 1654.

« Je ne veux pas laisser partir cet officier du régiment de Mérinville qui s'en retourne, sans vous réitérer les assurances de mon très-humble service et vous donner part des nouvelles. Il y a quatre jours que l'on a commencé la circonvalation de Stenay; les ponts sont posés au-dessus et au-dessous de la rivière, et nous espérons qu'elle sera bientôt achevée. La cour va demain à Sedan, et le Roy ira au camp deux jours après, pour donner chaleur au siège par sa présence. Les ennemis sont encore divisez en trois corps : les Lorrains et le prince de Ligne sont aux environs de Saint-Omer, les troupes espagnoles et celles de Flandres sur l'Escaut, et celles de M. le prince de Condé, avec le corps de Wirtemberg, entre Sambre et Meuse. On ne sçait pas à quoy ils se détermineront, mais je souhaite que nous soyons aussi heureux

---

1. Minute inédite. *Archives du ministère des Affaires étrangères;* affaires d'Espagne, vol. 30.

de deçà que j'espère que vous le serez de vostre costé. Je vous diray néantmoints en confidence que j'appréhende bien que les Anglois ne nous empeschent d'exécutter les projets que nous avons faits pour la mer. Vous serez informé de tout, et, sy rien ne nous oblige à changer le dessein que nous avons formé, vous serez assisté puissamment pour en venir à bout; mais, sy cela ne se peut, il faut au moins faire tous vos efforts pour establir vos quartiers d'hyver en Catalongne. Je ne sçay pas sy vos régiments vous ont joint en bon estat, mais je dois vous dire que l'on a receu de grandes plaintes contre eux, des lieux où ils ont esté, et, comme vous estant ce que j'ay l'honneur d'estre, il semble que cela rejailisse en quelque façon sur moy, je vous conjure d'y donner ordre pour l'advenir, estant certain mesme que les chefs ne sont pas plus aimez et estimez des officiers à qui ils donnent toute sorte de licence.

« Je me remets du surplus, Monsieur, à l'abbé de Cosnac, que j'appelleray d'oresnavant l'évesque de Valence. Nous nous entretenons quelques fois de vous, et il pourra vous tesmoigner que mon amitié se fortifie tous les jours, au lieu de s'altérer par l'absence. Il a presché aujourd'huy devant Leurs Majestez et toutte la cour, avec un applaudissement général. Il s'en va à Paris pour donner ordre à faire venir ses bulles de Rome, et, après cela, il reviendra auprès de moy. J'attends avec impatience de vos nouvelles, et je demeure plus passionnément que je ne sçaurois vous exprimer...

« Il y a icy une personne fort triste. Je n'en sçay pas la cause ; mais tout le monde veut, et la Reyne mesme, que ce soit vostre absence. Je prie Dieu qu'elle soit de peu de durée, et que vous reveniez en bonne santé, et avec toute la gloire et les advantages que vous méritez et que je vous souhaitte...[1] »

Le post-scriptum de la lettre qu'on vient de lire, rapproché des *Mémoires de Daniel de Cosnac* et de la correspondance de la princesse de Conti récemment publiée, s'accordent pour témoigner de la vive passion que la princesse éprouvait pour son mari. Le cardinal Mazarin confirme également, dans cette lettre, le témoignage des *Mémoires* de l'abbé de Choisy, sur le succès du premier sermon de Daniel de Cosnac devant la cour.

Le premier ministre ne tarda pas à mettre à exécution son

---

1. Minute inédite. *Archives du ministère des Affaires étrangères;* affaires d'Espagne, vol. 30.

projet d'employer le jeune prélat comme intermédiaire des affaires du prince de Conti, en l'envoyant à Paris pour hâter, auprès du surintendant des finances, l'expédition d'une ordonnance de fonds destinés à l'armée de Catalogne. Il en prévint le prince en ces termes :

Le cardinal Mazarin au prince de Conti.

« Péronne, 26 aoust 1654.

« L'on a expédié une ordonnance de fonds de cent cinquante mille livres, que Monsieur l'évesque de Valence s'en va solliciter luy-mesme, affin que vous ayez moyen d'entreprendre quelque chose, lorsqu'il vous arrivera des troupes[1]. »

Des pourparlers, demeurés sans résultat, furent entamés à cette époque par des amis du prince de Condé, pour ménager son accommodement. Le prince de Conti, qui s'était accommodé le premier, avait un intérêt considérable à ce que des négociations dont la conséquence pouvait être d'altérer profondément sa propre situation, ne fussent pas conduites à son insu ; aussi le cardinal Mazarin s'empressa-t-il de le prévenir de ces ouvertures, en lui disant que l'évêque de Valence serait encore son intermédiaire pour les suites à donner à cette importante affaire.

Le cardinal Mazarin au prince de Conti.

« De Creil-sur-Oise, 4 septembre 1654.

« Je vous diray confidemment, Monsieur, que l'on m'a faict des propositions pour l'accommodement de M. le prince ; j'en diray le destail à l'évesque de Valence, afin que vous en soyez informé, et cependant vous devez estre asseuré que je ne feray pas un seul pas en cela sans vostre participation, et je me resjouis de voir, par les offres qu'on faict, que les affaires du Roy sont en bon estat et que les faiseurs de cabales sont bien abattuz[2]. »

---

1. Fragment d'une minute inédite. *Archives du ministère des Affaires étrangères;* affaires d'Espagne, vol. 30.
2. Fragment d'une minute inédite. *Archives du ministère des Affaires étrangères;* affaires d'Espagne, vol. 30.

A une lettre du prince de Conti, le cardinal Mazarin répond simplement qu'il n'a qu'à s'en rapporter aux dépêches de l'évêque de Valence :

LE CARDINAL MAZARIN AU PRINCE DE CONTI.

« De Paris, 11 septembre 1654.

« Monsieur,

« Je n'ay d'abord qu'à me remettre aux despesches de Monsieur l'évesque de Valence pour toutte responce à celle qu'il vous a pleu de m'escrire du 27e du mois passé, puisque, l'ayant entretenu sur ce qu'elles contiennent, il ne manquera pas de vous en rendre compte, et que je n'en pourrois faire icy qu'une redite inutile[1]. »

Dans une autre dépêche au prince de Conti, le cardinal Mazarin, après lui avoir demandé si, après le siége de Puycerda, il songerait toujours au siége de Castillon, termine ainsi :

LE CARDINAL MAZARIN AU PRINCE DE CONTI.

« A Paris, 17 septembre 1654.

« .... Au surplus, ayant encore, en dernier lieu, entretenu fort au long Monsieur l'évesque de Valence, je me remets à ses dépesches pour ne vous ennuyer pas de redites inutiles, et demeure avec toute la passion imaginable...

« P.-S. — Mon mal m'empesche de vous escrire plus au long ; mais, ayant entretenu de toutes choses M. de Valence, je me remettray entièrement à tout ce qu'il mandera à l'esgard de Madame de Longueville; vous suppliant tousjours, Monsieur, d'avoir confiance en moy et de croire que vous n'aurez jamais serviteur plus asseuré que je suis[2]. »

Il est profondément regrettable que Daniel de Cosnac ait

---

1. Fragment d'une minute inédite. *Archives du ministère des Affaires étrangères;* affaires d'Espagne, vol. 30.
2. Fragment d'une minute inédite. *Archives du ministère des Affaires étrangères;* affaires d'Espagne, vol. 30.
Le mal dont se plaint le cardinal était la maladie de la pierre; forcé de ne pas trop nous écarter de notre sujet, nous regrettons de ne pouvoir donner ici une lettre inédite de Servien, proposant une recette pour le guérir.

omis de consigner dans ses *Mémoires* ce qu'il avait été chargé de faire savoir au sujet de la duchesse de Longueville ; nous pouvons conjecturer facilement qu'il s'agissait des négociations suivies par cette princesse pour l'accommodement du prince de Condé, auquel elle était demeurée si dévouée ; mais des détails eussent été bien précieux.

Nous arrivons à un événement considérable dans l'histoire intime de la vie de la princesse de Conti ; les *Mémoires de Daniel de Cosnac* l'ont révélé. La jeune princesse accompagnait la cour pendant la campagne contre le prince de Condé et le comte de Fuensaldagne, tandis que son mari, loin d'elle, commandait l'armée de Catalogne. Des fêtes brillantes servaient d'intermèdes aux siéges et aux batailles. Durant les préparatifs de la délivrance d'Arras, la cour séjournant à Péronne, un bal y fut donné ; le jeune roi y témoigna, d'une manière compromettante pour la princesse, l'inclination qu'il ressentait pour elle ; celle-ci répondit par un éclat. A défaut d'une piété qui lui vint plus tard, et qu'elle poussa même aux excès du jansénisme, piété qu'elle n'avait pas puisée dans son éducation première, toute nièce d'un cardinal qu'elle était, la princesse de Conti avait heureusement, pour se garantir, son vif amour pour son mari. Le cardinal Mazarin, en ministre courtisan qui ne veut pas compromettre la faveur, source de son autorité, sans désapprouver sans doute, au fond, la vertu de sa nièce, blâma vivement son procédé. L'évêque de Valence, auquel il en parla, dut s'entremettre ; il fut convenu que l'affaire se terminerait par des excuses, que la princesse fît au roi ; mais le roi, se tenant désormais pour suffisamment averti, brûla depuis son encens aux pieds d'une autre nièce moins farouche.

Quelque bruit de cette aventure vint considérablement troubler le prince de Conti en Catalogne ; il adressa à Daniel de Cosnac, pour être exactement renseigné, une lettre en chiffres, avec recommandation de la déchiffrer seul, et il ne se tint pas tellement rassuré par les explications données, qu'il n'exigeât, contrairement aux volontés de la reine et du cardinal, que la princesse quittât la cour pour venir le trouver. L'évêque de Valence s'engagea à la lui conduire lui-même. Le départ fut fixé au 12 novembre 1654 ; un malencontreux accident le fit ajourner : la princesse, suivant une chasse du roi dans le parc de Vincennes, fit une chute de cheval, des soins furent nécessaires, et son voyage dut être différé de quelques jours. Daniel de Cosnac indique le 30 novembre comme le jour du départ ; mais il a commis une erreur de mémoire ; la correspondance que nous publions, sans préciser cette date, la fixe nécessairement quelques jours plus tôt.

Dans le laps de temps qui sépara l'aventure du bal du départ qui en fut la conséquence, Daniel de Cosnac était plus que jamais devenu l'intermédiaire nécessaire des relations du cardinal Mazarin avec le prince de Conti ; la lettre et les divers autres fragments de correspondance qui vont suivre en apportent la preuve :

Le cardinal Mazarin au prince de Conti.

« A Paris, le 13 octobre 1654.

« Bien que j'aye eu l'honneur de vous escrire depuis deux jours, je ne puis laisser partir M. de Valence sans vous asseurer encor par luy de mon très humble service et vous dire comme, outre les cinq mille escus qu'on vous envoia en dernier lieu, on vous envoya trois cent mille livres pour employer au payement des troupes en entrant dans les quartiers d'hiver, dont on se remboursera par le don gratuit de la prochaine assemblée des États. Au reste, ayant entretenu au long ledit sieur évesque, il est superflu de les mander icy, d'autant plus que la personne qui va vous trouver n'oubliera pas de vous tesmoigner plus particulièrement la passion que j'ay pour ce qui vous regarde, qui, sans exagération, ne sçauroit estre à un plus haut point, estant plus que je ne puis dire vostre...[1] »

Le même au même.

« La Fère, 17 octobre 1654.

« J'entretiens souvent M. de Valence, et me remets à luy de

---

[1]. Minute inédite. *Archives du ministère des Affaires étrangères;* affaires d'Espagne, vol. 30.

beaucoup de choses qui m'obligent à ne pas vous importuner d'une plus longue lettre [1]. »

LE CARDINAL MAZARIN AU PRINCE DE CONTI.

« Paris, 30 octobre 1654.

« ....Vous agréerez que je me remette du surplus à mes précédentes et aux lettres de M. de Valence, pour ne point remplir celle-ci de redites importunes [2]. »

Le fond de cette dernière lettre, dont nous avons détaché une seule phrase, est relatif à l'envoi en Catalogne d'un corps de troupes conduit par le comte d'Estrades. Le cardinal exprime l'espoir que ce renfort permettra au prince de Conti d'achever plus promptement le siége de Puycerda.

Dans l'armée de Catalogne servait, comme lieutenant général, ce brillant colonel d'aventure, Balthazar, auteur de curieux *Mémoires*. Après avoir été l'un des chefs les plus redoutés de la Fronde militaire en Guyenne, il était rentré, de par la paix de Bordeaux, sous le giron de l'autorité royale. Balthazar était très-porté à trouver que l'on ne rendait pas assez de justice à ses services ; un mécontentement de ce genre l'avait jeté dans la Fronde. Pendant la campagne de 1654, en Catalogne, il s'était signalé en plusieurs occasions, particulièrement en dégageant la ville de Roses, assiégée par l'armée espagnole : cependant on l'avait laissé sans commandement pendant le quartier d'hiver ; il s'en plaignit. Le cardinal Mazarin lui fit la réponse suivante, s'en remettant pour des explications plus amples à ce qu'il a chargé Daniel de Cosnac de lui dire de sa part, lorsqu'il se sera rendu en Catalogne pour y conduire la princesse de Conti.

LE CARDINAL MAZARIN A MONSIEUR BALTHAZAR.

« A Paris, ce 18 novembre 1654.

« Monsieur, le choix qu'il a pleu au Roy de faire des lieute-

---

1. Fragment d'une minute inédite. *Archives du ministère des Affaires étrangères;* affaires d'Espagne, vol. 30.
2. Fragment d'une minute inédite. *Archives du ministère des Affaires étrangères;* affaires d'Espague, vol. 30.

nants généraux qui doibvent commander ses armées en Catalogne durant le quartier d'hiver, ne préjudicie en rien au mérite des autres, Sa Majesté ayant creu qu'il estoit juste de donner la préférence aux anciens.

« Monsieur Le Tellier m'a dit qu'en vous adressant les ordres en blanc pour vostre régiment, vous aurez ce que vous désirez pour ce regard-là ; mais je vous diray de plus que, s'il y a lieu de vous employer comme j'ay songé, j'espère que nous aurons moyen de mettre ce corps-là en l'estat que vous pourrez souhaiter. Cependant, je me remets à ce que j'ay supplié Monsieur le prince de Conti de vous communiquer de ma part, et que Monsieur l'évesque de Valence vous dira aussy de vive voix, vous priant de me croire bien particulièrement, Monsieur, vostre...[1] »

En attendant que la princesse de Conti fût en état de partir, Daniel de Cosnac continuait, à la cour, à s'occuper des affaires d'intérêt public concernant la Catalogne, et des affaires d'intérêt privé concernant le prince de Conti. Parmi celles-ci, il poursuivait pour ce prince l'obtention de l'une ou l'autre de deux importantes faveurs, soit le gouvernement de Guyenne, soit la vice-royauté de Catalogne ; comme à son ordinaire, le cardinal Mazarin s'en remettait à ce qu'il avait dit à l'évêque de Valence :

LE CARDINAL MAZARIN AU PRINCE DE CONTI.

« Paris, 26 novembre 1654.

« La mauvaise foy que les ennemis ont fait paroistre dans l'infraction de la capitulation de Puycerda, méritoit bien le ressentiment que vous en avez témoigné. J'en ay rendu compte au Roy, qui a fort approuvé vostre procédé ; et, à dire vray, l'on peut à ce prix-là se consoler aisément de semblables supercheries...

« Vous trouverez bon que je me remette à ce que j'ay dit à M. l'évesque de Valence, tant sur ce qui concerne le service du Roy que sur vos affaires particulières, qui me sont tousjours plus à cœur de beaucoup que les miennes propres, estant au point que je suis vostre...[2] »

---

1. Minute inédite. *Archives du ministère des Affaires étrangères;* affaires d'Espagne, vol. 30.
2. Fragment d'une minute inédite. *Archives du ministère des Affaires étrangères;* affaires d'Espagne, vol. 30.

Le même jour, le cardinal Mazarin adressait à Daniel de Cosnac la lettre suivante :

Le cardinal Mazarin a Monsieur l'évêque de Valence.

« A Paris, le 26 novembre 1654.

« Je vous remercie de tout mon cœur du soin que vous avez pris de me faire tenir les lettres de Monsieur le prince de Conty ; je vous suis aussy obligé des bonnes nouvelles que vous me donnez de la santé de Madame sa femme. Je vous prie de vous bien souvenir de toutes les choses que je vous ay dictes pour mondict sieur le Prince. Je luy fais response sur l'infraction de la capitulation de Puycerda et sur tous les autres points dont il a pris la peine de m'escrire, de sorte que je n'ay rien à adjouster icy, que pour vous asseurer de la continuation de mon amitié et de mon service, et que je suis tousjours... [1] »

Les lettres que l'on vient de lire indiquent que le départ de la princesse de Conti, sous la conduite de l'évêque de Valence, avait eu lieu quelques jours auparavant. Il ne fut pas nécessaire d'aller jusqu'en Catalogne pour rejoindre le prince de Conti ; la campagne était terminée, les troupes avaient pris leurs quartiers d'hiver, et le prince s'était rendu en Languedoc pour y présider les États. Ce fut auprès de Nîmes que les époux se rejoignirent. Le prince de Conti ne manqua pas de s'informer auprès du prélat de la scène du bal ; les explications données parurent le préoccuper vivement.

D'une longue lettre du cardinal Mazarin au prince de Conti, lettre en grande partie consacrée aux questions de quartier d'hiver pour les troupes, nous détachons ce *post-scriptum* écrit en entier de sa main :

« Langlade[2] me vient de rendre la lettre qu'il vous a pleu de m'escrire en date du 1ᵉʳ de ce mois. Je suis ravy de vostre arrivée

---

1. Minute inédite. *Archives du ministère des Affaires étrangères;* affaires d'Espagne, vol. 30.
2. Langlade, baron de Saumières, ancien condisciple et ami de Daniel de Cosnac, qui en parle souvent dans ses *Mémoires;* il a écrit la *Vie du duc de Bouillon.*

à Montpellier en bonne santé et de la diligence avec laquelle je vois que vous avez résolu de travailler aux affaires du Roy dans les Estats. J'espère que ce sera le moyen d'avancer le service de Sa Majesté en Catalogne, avec beaucoup de gloire pour vous, et vous me ferez la justice de croire que je ne m'endormiray pas de mon costé, puisque je ne puis avoir de plus puissant mobile pour agir en ce rencontre. La Croissette m'a dit que Madame de Longueville devoit estre icy dans deux jours pour rendre ses respects à Leurs Majestés et me renouveler les asseurances de son amitié. Je ne sçay pas s'il aura quelque proposition à me faire, sollicité en cela par Madame de Longueville, laquelle je ne doute pas qu'elle ne souhaite avec passion l'accommodement de Monsieur son frère; mais je sçay bien que je n'escouteray rien sur ce sujet, et que je vous donneray part de ce que Madame de Longueville me dira, vous suppliant de croire que je ne manqueray à la moindre chose de celles que Monsieur de Valence vous aura dites de ma part sur ce sujet[1]. »

Par le même courrier, le cardinal Mazarin écrivait à sa nièce et lui apprenait la nouvelle de la mort de son propre père, Pietro Mazarini :

LE CARDINAL MAZARIN A MADAME LA PRINCESSE DE CONTI.

« Paris, 10 décembre 1654.

« J'ay receu vostre lettre avec beaucoup de joye, voyant que vous estes au bout du voyage et en bonne santé, et que vous me continuez vostre amitié au point que je puis souhaiter. Je suis extrêmement affligé de la mort de mon père, et je m'assure que cette nouvelle vous sera aussy sensible. Ce qui doit consoler, c'est qu'encore il a vescu près de quatre-vingts ans, et fort homme d'honneur à l'esgard du monde et fort sûr du jugement dernier, et que nous pouvons espérer avec grande raison de la divine bonté, qui luy aura donné une vie plus heureuse.

« J'adjouste à Monsieur le prince de Conty que je vous prie d'asseurer de la bonne manière qu'il n'aura jamais serviteur plus acquis et plus passionné que moy.

« Je suis au désespoir de l'extrémité à laquelle est réduit le pauvre Sarrasin; je vous prie de le tesmoigner à M. le prince de

---

1. Minute inédite, datée de Paris, le 10 décembre 1654. *Archives du ministère des Affaires étrangères;* affaires d'Espagne, vol. 30.

Conty, ne doutant pas qu'il ne regrette beaucoup la perte d'un serviteur qui lui étoit si agréable.

« Je vous prie d'assurer M. de Valence de mes services, et de me mander en quel temps vous croyez pouvoir estre de retour icy. Au surplus, souvenez-vous que je n'accorde à qui que ce soit ma place aux bonnes grâces de M. le prince de Conty, et que vous estes obligée de me les conserver, puisqu'on ne peut avoir pour vous plus de tendresse et d'amitié que celle qu'avec toute sorte [1]... »

Ces dernières paroles prononcées, pour ainsi dire, sur la tombe de son père par le cardinal Mazarin, sont dignes d'être conservées par l'histoire.

Les regrets exprimés par le cardinal Mazarin au sujet de l'état désespéré de Sarrasin, secrétaire des commandements du prince de Conti, s'adressaient à la perte imminente de l'un des beaux esprits du temps, et non moins au négociateur auquel il était redevable du mariage de sa nièce. Si l'on veut connaître en quels termes était Sarrasin auprès du cardinal, il suffit de lire la lettre suivante qu'il en avait reçue peu de temps auparavant :

LE CARDINAL MAZARIN A MONSIEUR SARRASIN.

« A Paris, le 6 novembre 1654.

« Monsieur,

« Votre affection m'est trop chère pour consentir à rien qui la puisse diminuer dans mon esprit, et vous trouverez bon qu'après avoir veu les louanges tout à fait exquises et délicates que vous me donnez encore par votre dernière lettre, je continue à les rapporter au mesme principe, plus tost qu'à vostre seule amitié, dont la cognoissance que j'ay de moi-mesme ne pourroit que m'estre suspecte. Au surplus, vous avez raison de croire que vous faites admirablement vostre cour auprès de moy, quand vous me félicitez de tous les advantages que les armes de Sa Majesté remportent sous la conduite de Monsieur le prince de Conty; car il n'y a personne sans doute qui s'en réjouisse plus que moy, ni qui prenne plus de part aux choses qui le touchent; mais, pour rendre

---

1. Minute inédite. *Archives du ministère des Affaires étrangères;* affaires d'Espagne, vol. 30.

ma joye complète, il faudroit me donner des nouvelles du parfait rétablissement de sa santé, et je vous prie de contribuer de toutes les forces de vostre esprit à nous en faire avoir au plus tost, vous asseurant qu'il n'y a rien qui me puisse mieux obliger à estre de plus en plus, Monsieur, vostre[1]... »

Daniel de Cosnac parle, dans ses *Mémoires*, d'une intrigue amoureuse, suivie d'un empoisonnement peut-être, comme cause possible de la mort de Sarrasin, et rejette comme fausse la violence du prince de Conti, le frappant sur la tête avec la pelle de son feu, à laquelle quelques-uns l'ont attribuée. La vérité est que le prince resta fort insensible à cette perte, sur laquelle le cardinal Mazarin, lui écrivant pour le féliciter de la manière dont il présidait les États de Languedoc, crut devoir lui exprimer ses sentiments de condoléance. Nous détachons le fragment suivant de cette lettre du cardinal.

Le cardinal Mazarin au prince de Conti.

« Paris, 18 décembre 1654.

« J'ay appris avec la joie que vous pouvez croire, Monsieur, l'arrivée de Madame vostre femme auprès de vous en bonne santé ; je prie Dieu qu'il vous y conserve l'un et l'autre longues années, et, puisque M. l'évesque de Valence, suivant ce que vous me faites l'honneur de m'escrire, ne peut tarder à revenir icy, je me remets à m'entretenir plus amplement avec lui de tout ce qui vous regarde ; mais je ne puis finir sans vous dire le regret que j'ay de la mort de ce pauvre Sarrasin, en qui vous avez perdu sans doute un serviteur dont peu de gens peuvent remplir dignement la place, n'y ayant guère de plus bel esprit, ny plus zélé pour vostre service[2]... »

Après la mort de Sarrasin, le prince de Conti donna à Guilleragues[3] la charge de secrétaire de ses commandements ; mais

---

1. Minute inédite. *Archives du ministère des Affaires étrangères*; affaires d'Espagne, vol. 30.
2. Minute inédite. *Archives du ministère des Affaires étrangères*; affaires d'Espagne, vol. 30.
3. De Lavergne de Guilleragues, nommé ambassadeur à Constantinople en 1679. C'est à lui que Boileau a adressé sa cinquième épître.

à l'évêque de Valence fut provisoirement confiée la haute direction de toutes ses affaires domestiques. Celles-ci, sous son intelligente direction, changèrent promptement de face : au désordre, l'ordre succéda ; à la pénurie des ressources, d'abondants revenus. Le prélat sut encore obtenir pour le prince de grandes charges, avantageuses au point de vue de l'honneur et de l'argent. Le soin de ces divers intérêts nécessitant la présence à la cour de Daniel de Cosnac, il quitta le Languedoc ; il dit dans ses *Mémoires* qu'il arriva à Paris le 1er janvier de l'année 1655, et qu'immédiatement il se rendit chez le cardinal Mazarin pour lui rendre compte de son voyage. Le cardinal lui-même va confirmer l'exactitude de la date et de l'assertion ; car, ce même jour, il écrit au prince de Conti :

LE CARDINAL MAZARIN AU PRINCE DE CONTI.

« Paris, le 1er de l'an 1655.

« Monsieur,

« J'ay veu Monsieur l'évesque de Valence, et j'ai commencé à l'entretenir ; mais, comme je prétends le revoir aujourd'hui ou demain, je remets à faire responce au mémoire dont vous l'avez chargé et à ce qu'il a ordre de vous d'y adjouster de vive voix, lorsque nous aurons discuté ensemble plus amplement de toutes choses[1]. »

La lettre se termine par quelques détails de peu d'importance relatifs aux troupes.

Nous avons dit qu'une des principales affaires poursuivies par Daniel de Cosnac avait pour objet d'obtenir le gouvernement de la Guyenne pour le prince de Conti ; il réussit, et le cardinal annonça au prince la nomination désirée. Nous ne reproduisons de sa lettre que la portion écrite de sa main sur la minute, et qu'il substitua à un paragraphe effacé.

---

1. Minute inédite. *Archives du ministère des Affaires étrangères;* affaires d'Espagne, vol. 30.

LE CARDINAL MAZARIN AU PRINCE DE CONTI.

« A Paris, le 3 février 1655.

« J'ay fait remettre ès mains de M. l'évesque de Valence les provisions du gouvernement de Guienne expédiées en vostre nom, prétendant qu'il vous les aille porter lui-mesme, puisque je voy que le voyage que vous vous proposiez de faire icy n'est pas fort asseuré. Je ne trouve pas qu'il y ait grand plaisir de venir de Montpellier à Paris dans la saison où nous sommes et pour n'estre que huit jours à Paris, et puis s'en retourner d'où on est venu, et mesme aller encore plus loin, car nous n'avons pas un moment à perdre pour mettre toutes choses en estat de commencer la campagne, et tout le succès des entreprises que nous pouvons faire dépend de la diligence. On me confirme que les ennemis se hâtent tant qu'ils peuvent et qu'asseurément leur dessein est d'attaquer Roses avant que nous soyons en estat de nous y pouvoir opposer. Je donneray bon ordre de mon costé à sa conservation, et je m'asseure que vous n'oublierez rien du vostre. Je suis marry de ne voir encore paroistre Monsieur de la Fare, et je n'en sçay pas la raison.

« Je suis bien aise que M. de Valence diffère son départ jusqu'à la semaine prochaine pour attendre la venue de M. d'Estrades[1], lequel ma pensée seroit d'envoyer servir sous vous; et, comme c'est une personne que vous sçavez à moy et du mérite que vous sçavez, ce vous seroit sans doute un grand soulagement de l'avoir près de vous. Je vous conjure de n'en parler à personne.

« Je sçay, Monsieur, qu'il est superflu de vous solliciter aux choses qui regardent le service de la Reyne : aussi me suffit-il de vous faire sçavoir qu'elle a le principal intérêt à certain édit qui vous sera présenté de sa part, le Roy lui ayant fait don de ce qui en proviendra. J'adjouste seulement que vous ferez chose très-agréable à Leurs Majestés de prendre la peine d'entrer en la cour des comptes de Montpellier pour appuyer l'enregistrement du mesme édit par vostre présence. Et réservant à vous entretenir plus particulièrement de toutes choses par le moyen de M. de Valence, dès qu'il vous ira trouver, je demeure avec toute la passion imaginable vostre... »

1. François, comte d'Estrades, gouverneur de Dunkerque, maire perpétuel de Bordeaux après la paix de 1653, envoyé en Catalogne pour servir en qualité de lieutenant général. Il avait épousé Suzanne de Secondat de Montesquieu.

Le cardinal, toujours de sa main, a ajouté le *post-scriptum* suivant :

« Vous jugez aisément, Monsieur, que ce seroit une grande joye pour moy de vous pouvoir entretenir quelques jours ici; mais je crois qu'on doit préférer le service du Roy à toutes choses, et que d'ailleurs il est bon de vous espargner une si grande incommodité, et je pourrai ouvrir mon cœur sur tout à M. de Valence, qui partira dans dix ou douze jours au plus tard. Je vous conjure d'user de quelque sévérité à l'esgard des officiers qui auront faict le plus de désordre en Catalogne, où un exemple est absolument nécessaire pour ramener les esprits des Catalans[1]. »

Le marquis de Mérinville, l'un des lieutenants généraux de l'armée de Catalogne, était plus particulièrement accusé de laisser un trop libre cours aux désordres des troupes; aussi le prince de Conti répondait-il au cardinal, dans une lettre datée de Montpellier, le 16 février 1655 :

« Cependant, j'escriray fort sérieusement à M. de Mérinville de ne souffrir aucuns désordres, et j'en chargeray M. de Bougy[2], qui est icy depuis deux jours pour voir avec moy à prendre les mesures nécessaires, tant pour la conservation de Roses que sur l'entreprise de Cap-de-Guiers et de Palamos, desquelles je vay rendre compte à Vostre Éminence, etc. »

Le prince de Conti avait commencé cette même lettre par une fâcheuse nouvelle :

« Je commenceray cette lettre en vous rendant compte de ce qui est arrivé à ma femme, qui s'est blessée, et, après avoir esté trois jours tout à faict malade, accoucha enfin samedy au soir d'une fille morte. Elle est présentement en parfaite santé, et je puis asseurer à Vostre Éminence qu'au chagrin près qu'elle a de s'estre blessée, on ne peut pas se mieux porter[3]. »

Le cardinal répondit au prince qu'il souhaitait à sa femme

---

1. Minute inédite. *Archives du ministère des Affaires étrangères;* affaires d'Espagne, vol. 30.
2. Révérend, marquis de Bougy, l'un des lieutenants généraux de l'armée royale qui s'étaient le plus distingués contre la Fronde de Guyenne.
3. Minute inédite. *Archives du ministère des Affaires étrangères;* affaires d'Espagne, vol. 30.

plus de bonheur une autre fois ; nous détachons de cette lettre, datée de Paris, le 25 février 1655, le paragraphe suivant :

« Comme l'évesque de Valence partira sans plus de remise dans trois ou quatre jours pour se rendre auprès de vous, je me dispenseray de vous faire présentement un plus long discours, prétendant le renvoyer si bien informé de toutes choses que vous n'ayez qu'à vous remettre au compte qu'il vous en rendra. Vous agréerez donc que je remette le surplus à sa vive voix ; et, après vous avoir tesmoigné la part que je prends à l'accident arrivé à Madame vostre femme, qui, j'espère, sera plus heureuse une autre fois, je me contente de vous asseurer de la véritable passion avec laquelle je suis de plus en plus vostre[1]... »

Le moment fixé pour le départ de Daniel de Cosnac était arrivé, le cardinal Mazarin lui remit pour le prince de Conti la lettre suivante :

LE CARDINAL MAZARIN AU PRINCE DE CONTI.

« De Paris, le 7 mars 1655.

« Monsieur,

« Quoi que je n'aye rien à adjouster à ce que Monsieur de Valence aura l'honneur de vous dire de ma part, je ne puis néantmoins le laisser partir sans vous renouveler les asseurances de mon très-humble service, et, pour vous expliquer encor les véritables sentiments de mon cœur, je diray d'une tendresse toute particulière pour ce qui vous regarde. Il vous dira, Monsieur, le sujet que j'ay creu d'avoir de vous faire quelque plainte, et à quel point il m'est sensible de voir qu'on n'aye pas en moy la dernière confiance, et qu'on ne se soucie pas trop d'exposer ma réputation non atteinte de la calomnie pour de légères satisfactions qui, en substance, ne servent à rien, estant certain que, dans le solide, autant que le service du Roy me le permettra, il n'y aura jamais personne qui s'intéresse plus fortement et avec plus de sincérité que moy pour vostre gloire et pour vos véritables advantages ; ce que, j'espère, le temps vous confirmera de plus en plus dans l'assurance que j'ay que je n'auray jamais sujet d'en user autrement ; et me remettant sur cecy et sur toutes les autres choses à la vive voix de M. de Valence, je demeure, Monsieur, vostre[2]... »

1. Minute inédite. *Archives du ministère des Affaires étrangères.*
2. Minute inédite. *Archives du ministère des Affaires étrangères;* affaires d'Espagne, vol. 30.

Cette lettre indique que le prince de Conti avait donné quelque sujet de plainte au cardinal Mazarin ; comme Daniel de Cosnac était chargé de s'en expliquer verbalement, nous y perdons de ne pouvoir connaître quel était ce sujet, car ses *Mémoires*, soit oubli, soit discrétion, sont restés silencieux à cet égard.

Dans une nouvelle lettre adressée au prince de Conti, datée de Paris, le 12 mars 1655, le cardinal lui dit encore :

« L'on ostera vostre régiment du lieu où il est en garnison, et je me remets du surplus à mes précédentes et à la vive voix de M. de Valence[1]. »

Daniel de Cosnac, investi de toute la confiance du cardinal Mazarin et porteur de ses instructions verbales, par le revirement le plus inattendu, devient tout à coup l'objet de ses plus vifs reproches. Qu'est-il arrivé ? Il est arrivé aux oreilles du premier ministre que le prince de Conti aurait une répugnance invincible à entreprendre une seconde campagne en Catalogne ; il préférerait rester dans un agréable repos auprès de la princesse de Conti ! Le cardinal voit tous ses ambitieux projets renversés ; il a rêvé de faire de son neveu par alliance un général dont il puisse opposer le renom à celui du prince de Condé ; le même sang coule dans leurs veines, pourquoi la même auréole de gloire ne rayonnerait-t-elle pas sur leurs fronts ? Quelque invraisemblable que la chose puisse paraître, c'est Daniel de Cosnac, pourtant si soigneux de l'honneur et des intérêts du prince, qui est accusé d'être l'auteur du pernicieux conseil. Le cardinal Mazarin, exaspéré, écrit le même jour les deux lettres qui suivent :

Le cardinal Mazarin a Madame la princesse de Conti.

« De Paris, 12 mars 1655.

« Je vous envoie la lettre cy-jointe annotée pour Monsieur de Valence, et je vous prie de luy dire encore de ma part que je ne sçaurois m'estonner assés du discours qu'il a tenu touchant le

---

1. Fragment d'une minute inédite. *Archives du ministère des Affaires étrangères;* affaires d'Espagne, vol. 30.

voyage de M. le prince de Conty en Catalogne ; car je voy fort bien que ce n'a pas été l'intention de Monsieur le Prince; et quand Monsieur de Valence, de luy-mesme, eust songé à le porter de n'y aller pas, il me semble que c'estoit à moi à quy on devoit parler le premier[1]. »

Le cardinal Mazarin a Monsieur l'évêque de Valence.

« De Paris, 12 mars 1655.

« Monsieur,

« J'ay été surpris d'apprendre que vous ayez dit que Monsieur le prince de Conty n'iroit pas cette campagne servir le Roy en Catalogne, que sa santé ne le lui pouvoit pas permettre, et que vous estiez d'advis qu'il s'en allast en Guyenne; car, comme vous m'avez tenu des discours tout contraires, je ne sçay pas à quoy attribuer ce changement, d'autant plus que, n'y ayant personne qui s'intéresse avec plus de sincérité et de passion que moy à la santé de mondit sieur prince et à son véritable bien et advantage, vous ne deviez pas me cacher ses sentiments ni les vostres sur ce sujet. Je ne puis pas douter que vous n'ayez dit ce que dessus, et, quoyque je sois persuadé que Monsieur le prince de Conty se conformera tousjours avec plaisir à ce qu'il reconnoistra estre des intentions de Sa Majesté, et qu'il déférera quelques choses à mes conseils, je ne laisse pas pourtant de souhaiter que vous m'escrivissiez des motifs du discours que vous avez tenu, vous ayant promis de vous faire sçavoir sincèrement ce qu'on me diroit sur vostre sujet[2]. »

Nous avons reproduit la seconde lettre que l'on vient de lire, bien que publiée dans les *Mémoires de Daniel de Cosnac*, par un double motif: d'abord, elle est nécessaire à l'enchaînement des faits ; ensuite, elle nous fournit, outre la date, que Daniel de Cosnac avait omis de donner, un précieux contrôle de l'exactitude de ses *Mémoires* ; les archives du ministère des Affaires étrangères ne nous étaient pas ouvertes à l'époque où nous les avons publiés, et nous y avons trouvé récemment la minute de cette lettre, conforme, à quelques différences insignifiantes près, à la lettre insérée dans le texte des *Mémoires*.

1. Minute inédite. *Archives du ministère des Affaires étrangères;* affaires d'Espagne, vol. 30.
2. Minute. *Archives du ministère des Affaires étrangères;* affaires d'Espagne, vol. 30.

Cette grosse affaire disparut en fumée : en remontant à la source de l'imputation dont l'évêque de Valence venait d'être l'objet, on découvrit qu'elle n'était autre qu'un propos sans fondement tenu par Camille de Neufville de Villeroy, archevêque de Lyon, qui avait voulu faire le bien informé, afin de faire sa cour au cardinal Mazarin aux dépens de l'évêque de Valence. Le cardinal, désabusé, écrivit au prince de Conti :

Le cardinal Mazarin au prince de Conti.

« De Paris, 2 avril 1655.

« Monsieur,

« Je ne suis point surpris de la lettre tout à fait obligeante qu'il vous a pleu de m'escrire à l'arrivée de M. l'évesque de Valence auprès de vous, car j'ay fait un fondement certain sur l'honneur de vostre amitié, et je n'ay jamais jugé autre chose, malgré les bruits que j'ai peu entendre, provenant de gens mal intentionnés et brouillons, qui ne méritent aucune créance[1]. »

Dans son infatigable activité, Daniel de Cosnac était déjà retourné à Paris, où une explication verbale avec le cardinal acheva de dissiper tous les nuages, ainsi qu'il le rapporte dans ses *Mémoires*. Après avoir conclu divers arrangements et obtenu divers avantages pour le prince de Conti, le prélat repartit aussitôt pour aller rejoindre ce prince à l'armée de Catalogne. Il s'y trouvait, lorsqu'il reçut du cardinal Mazarin la lettre suivante :

Le cardinal Mazarin a Monsieur l'évêque de Valence.

« Compiègne, le 4 juin 1655.

« Monsieur,

« Je vous rends grâces du soin que vous avez pris de me faire tenir la lettre de Monsieur le prince de Conty. J'y ay fait responce, me réjouissant avec luy de l'arrivée des vaisseaux et galères à Capdequiers sy à point nommé, car je ne doute point que, par le bon ordre qu'il aura donné d'ailleurs à toutes choses, il n'aye

---

1. Fragment d'une minute inédite. *Archives du ministère des Affaires étrangères;* affaires d'Espagne, vol. 30.

bientost rendu le Roy maistre de cette place, et mesme j'espère qu'il en sera venu à bout assez tost pour pouvoir exécuter avant la campagne le reste qu'il avoit projecté. Je ne vous adresse pas ma lettre pour luy, craignant qu'elle ne vous fust rendue trop tard pour l'envoyer à l'ordinaire, et je n'ay rien à adjouster icy que des remerciements de l'amytié que vous me tesmoignez et des assurances de la mienne, qui vous est tousjours parfaictement acquise, estant, Monsieur, vostre [1]... »

Peu de jours après, l'évêque de Valence avait accompli un nouveau voyage et était retourné à Paris, où vint le trouver une lettre du cardinal Mazarin, qui était à La Fère et qui l'appelait près de lui. La minute de cette lettre manque aux archives du ministère des Affaires étrangères; mais on y trouve la minute du passage suivant, ajouté par le cardinal:

ADDITION A LA LETTRE A M. DE VALENCE, DU 26 JUIN 1655.

« Vous verrez ce que j'escris à M. le prince de Conty, et je serois très-ayse que vous prissiez la peine de vous rendre icy au plus tost, estant nécessaire par beaucoup de raisons, et voyant que celles quy vous obligeoient à rester à Paris auront cessé. »

Pendant ce séjour du prélat auprès du cardinal, les intérêts et les affaires du prince de Conti furent en effet l'objet de leurs fréquents entretiens, ainsi que le témoigne une longue lettre du cardinal au prince, dont nous détachons ce passage:

LE CARDINAL MAZARIN AU PRINCE DE CONTI.

« A La Fère, le 18 juillet 1655.

« J'ay entretenu au long M. de Valence sur toutes choses; mais je ne puis m'empescher de vous tesmoigner encore ma joye pour la gloire que vous acquérez et pour les bonnes nouvelles que je reçois de vostre bonne santé, vous suppliant d'estre tousjours persuadé que personne ne s'intéresse plus en l'une et en l'autre que ce que je fais avec la dernière amitié et tendresse, avec laquelle je vous diray qu'il me semble que vous prenez trop sur

---

1. Minute inédite. *Archives du ministère des Affaires étrangères;* affaires d'Espagne, vol. 30.

vous et que, n'estant plus secondé que ce que vous estes, il est impossible que vous puissiez résister à la longue ; c'est pourquoy je vous conjure de vous aymer un peu davantage et de me mander avec liberté ce que je pourrois faire pour vostre soulagement, car je ne trouveray rien de difficile[1]. »

Nous avons dit à quel point les affaires du prince de Conti prospéraient entre les mains de Daniel de Cosnac ; des chiffres viennent à l'appui : en moins de deux années, il porta le revenu du prince de trois cent soixante-dix mille livres à six cent mille livres de rentes ; en outre, il lui trouva un prix avantageux de son gouvernement du Berry et lui obtint la charge de grand maître de la maison du roi, qui valait quarante mille livres de rentes. Le prince n'osait demander cette charge, dans la crainte d'éprouver un refus : il lui fit l'agréable surprise de la lui faire donner à son insu. Enfin, il lui avait fait obtenir le gouvernement de Guyenne avec celui du Château-Trompette. Ce dernier gouvernement vint se placer comme pierre d'achoppement de la bonne entente entre le cardinal Mazarin et l'évêque de Valence, entre le prince de Conti et l'heureux négociateur de ses intérêts.

Il n'était pas d'usage, par une précaution politique facile à comprendre à cette époque, de donner aux gouverneurs des provinces le gouvernement particulier des places de guerre ou châteaux fortifiés situés dans l'étendue de leurs gouvernements. L'évêque de Valence avait donc obtenu pour le prince de Conti une faveur exceptionnelle, sur laquelle la réflexion fit revenir presque aussitôt : les provisions du Château-Trompette, à peine expédiées, furent redemandées. Pour n'être pas obligé de les rendre, Daniel de Cosnac les avait fait partir en toute hâte ; mais le cardinal, entrant dans une furieuse colère, exigea qu'il courût après. Voilà donc le prélat en route de nouveau pour la Catalogne, mais, à part lui, résolu à donner au prince de Conti le conseil de ne pas rendre les provisions, ce qu'il fit ; et, à son

---

1. Minute inédite. *Archives du ministère des Affaires étrangères;* affaires d'Espagne, vol. 30.

retour à Paris, le cardinal lui parla à peine d'une chose qu'il avait paru si vivement désirer.

Le cardinal Mazarin avait résolu de réussir par une autre voie : Gourville, toujours au guet des occasions de s'entremettre, avait eu vent de ce qui s'était passé ; il y avait entrevu un moyen de se rendre utile et de plaire au cardinal ; sous le prétexte de quelques autres affaires, il obtint la mission d'aller en Catalogne. Le cardinal Mazarin, qui tenait à ne pas donner d'ombrage à Daniel de Cosnac, lui écrivit en ces termes :

Le cardinal Mazarin a Monsieur l'évêque de Valence.

« De Guyse, le 27 juillet 1655.

« Monsieur,

« Le sieur de Gourville estoit desjà arrivé, lorsque j'ay receu vostre lettre ; mais, ne l'ayant peu encore entretenir au long, il ne me dict qu'en gros les choses dont il estoit chargé de Monsieur le prince de Conty. Il ne faut pas que vous soyez en peine que je puisse rien conclure avec luy avant que je vous aye parlé, non-seulement par la raison que vous me dictes que c'est l'intention de M. le prince de Conty, mais parce qu'ayant toute confiance en vous, je ne pourray pas prendre aucune résolution sur ce qui le regarde sans en avoir au préalable conféré avec vous, de qui je suis[1]... »

Daniel de Cosnac avait déjà rencontré Gourville en travers de ses pas lors des négociations de la paix de Bordeaux. Sa méfiance était d'autant plus éveillée dans cette nouvelle conjoncture ; le cardinal lui parlait à peine de l'affaire réelle dont il s'agissait, et, en apparence, il le lui associait pour quelques autres affaires : « On a donné au sieur de Gourville quelques expéditions qu'il a demandées conjointement avec M. de Valence, » écrivait-il au prince de Conti, dans une lettre datée du camp de Maubeuge, le 10 août 1655. Le même jour, le cardinal Mazarin adressait cette lettre à Daniel de Cosnac :

---

1. Minute inédite. *Archives du ministère des Affaires étrangères ;* affaires d'Espagne, vol. 30.

Le cardinal Mazarin a Monsieur l'évêque de Valence.

« Du camp de Maubeuge, le 10 aoust 1655.

« Monsieur,

« Le sieur de Gourville s'en retourne vers M. le prince de Conty avec tous les ordres nécessaires, et, comme il vous donnera part de toutes choses, je ne m'estendray pas icy pour vous en entretenir. Je vous prieray seullement de faire tousjours un estat asseuré de mon amitié et de me conserver celle que vous m'avez promise. C'est, Monsieur, vostre... »

Addition de la main de Son Éminence a M. de Valence.

« Je vous envoie la lettre pour M. le prince de Conty ouverte, affin que vous la puissiez voir, et vous la remettrez après au sieur de Gourville[1]. »

Cette lettre au prince de Conti, envoyée ouverte par le cardinal, était celle datée du même jour, dont nous venons de donner une phrase détachée ; le cardinal assurait le prince que des agents des finances allaient partir pour la Catalogne et, relativement aux opérations de la campagne, il lui disait : « Je vous confirme, Monsieur, que s'il est possible d'exécuter le projet de Palamos et d'Hostellericq, cela est préférable à tout le reste, ainsy que j'ay desjà eu lieu de vous l'escrire[2]. » Cette lettre garde sur l'affaire du Château-Trompette le silence le plus absolu ; la mission dont Gourville était investi à cet égard était donc toute verbale.

Daniel de Cosnac, qui se méfiait non moins de la faiblesse du prince de Conti que de l'adresse de Gourville, s'était, ainsi qu'il le raconte dans ses *Mémoires*, empressé d'écrire à ce prince de se bien tenir pour ne pas rendre les provisions du Château-Trompette, et il avait prévenu en même temps l'entourage du prince, Guilleragues en particulier, de faire bonne contenance. Le prince, en répondant au prélat, s'offensait du

---

1. Minute inédite. *Archives du ministère des Affaires étrangères;* affaires d'Espagne, vol. 30.
2. Minute inédite. *Archives du ministère des Affaires étrangères;* affaires d'Espagne, vol. 30.

soupçon de sa faiblesse ; Guilleragues fut plus énergique encore dans sa réponse, ce qui n'empêcha pas les choses de se passer de point en point telles que l'évêque de Valence les avait prévues. Gourville, par son adresse, sut circonvenir le prince, et il rapporta triomphalement au cardinal Mazarin les provisions qu'il était allé chercher.

Le cardinal, ayant obtenu ce qu'il désirait, ne garda pas longtemps rancune à l'évêque de Valence, auquel il ne pouvait s'empêcher de rendre la justice d'un dévouement à toute épreuve à celui qu'il servait ; aussi voulut-il se réjouir le premier avec lui de la grossesse de la princesse de Conti.

LE CARDINAL MAZARIN A MONSIEUR L'ÉVÊQUE DE VALENCE.

« 29e aoust 1655.

« Monsieur,

« J'ay esté ravy d'apprendre la grossesse de Madame la princesse de Conty. Je n'ose pas encore en escrire à Monsieur le prince de Conty ; mais je me resjouis de tout mon cœur avec vous de cette bonne nouvelle, et, au reste, comme le Roy, maintenant que Condé est pris, ne tardera pas beaucoup à retourner à la Fère, je vous entretiendray plus particulièrement lorsque nous y serons arrivés. Cependant, je vous prie de me croire tousjours esgallement, Monsieur, vostre...[1] »

Ce n'est que trois jours après que le cardinal écrit au prince pour le féliciter ; de sa lettre, datée du 1er septembre, nous détachons ce passage :

« Vous aurez agréable, Monsieur, que je ne diffère pas davantage de vous féliciter de la grossesse de Madame la princesse de Conty, puisqu'elle est, Dieu merci, bien asseurée, et je prie Dieu qu'il vous en donne tout le contentement que vous pouvez souhaiter[2]. »

---

1. Minute inédite. *Archives du ministère des Affaires étrangères ;* affaires d'Espagne, vol. 30.
2. Minute inédite. *Archives du ministère des Affaires étrangères ;* affaires d'Espagne, vol. 30.

Le même jour, le cardinal écrit à Daniel de Cosnac :

LE CARDINAL MAZARIN A MONSIEUR L'ÉVÊQUE DE VALENCE.

« A la Fère, le 1er septembre 1655.

« Monsieur,

« J'ay receu la lettre que vous m'avez escrite avant vostre départ d'icy. Je vous remercie des nouvelles asseurances que vous me donnez de vostre amitié, dont je suis fort persuadé, comme vous le devez estre de la mienne. Je travaille à faire pourvoir à toutes choses qui peuvent estre nécessaires à Monsieur le prince de Conty, affin qu'il achève glorieusement la campagne. Je remets à vous entretenir plus au long à vostre retour, et vous confirme que je suis, Monsieur, vostre...[1] »

La grossesse de la princesse de Conti fut pénible : nous avons rencontré à cet égard des renseignements dans cette lettre adressée au cardinal Mazarin par M. de Bezons, intendant de Languedoc :

« M. de Noailles est party ce matin, avec Madame sa femme, pour Avignon, où il se rendra le seiziesme de ce mois, pour prendre Monsieur et Madame de Manciny. Nous allasmes hier au soir ensemble voir Madame la princesse de Conty, et, quoy que Vostre Éminence soit informée de plusieurs endroits de sa santé, je croy que Vostre Éminence trouvera bon que je luy en rende compte. Elle se porte bien mieux, les médecins m'assurent que sa grossesse alloit bien, cependant ils sont obligés de la purger souvent, à cause d'un tremblement qu'elle a tout d'un costé, commençant à l'œil jusqu'au pied. Cela est fort diminué. Il n'y a plus que le bras et la main qui en soient incommodés, et l'on espère que cela diminuera peu à peu. M. de Noailles rendra un compte plus exact à Vostre Éminence, laquelle je supplie très humblement me faire l'honneur de me croire la personne du monde qui est avec le plus de fidélité et de respect de Vostre Éminence, Monseigneur, le très-humble, très-obéissant et très-obligé serviteur.

« DE BEZONS.

« De Pézenas, ce 14 septembre 1655[2]. »

---

1. Minute inédite. *Archives du ministère des Affaires étrangères;* affaires d'Espagne, vol. 30.
2. Fragment d'une lettre inédite. *Archives du ministère des Affaires étrangères;* affaires d'Espagne, vol. 30.

La princesse de Conti était restée au château de la Grange, près de Pézenas, sous la garde d'Esprit, celui-là même que Sarrasin avait plaisamment surnommé, à l'occasion de la célèbre querelle entre les partisans des deux sonnets de *Job* et d'*Uranie*, M. *Esprit de l'Oratoire*. Il avait été attaché à la congrégation de l'Oratoire, mais en était sorti pour se livrer à l'intrigue, qui lui avait donné un pied à la cour, et à la littérature, qui lui avait donné l'autre pied à l'Académie. Sa principale occupation était alors de détruire l'influence de l'évêque de Valence sur le prince et la princesse de Conti ; il eut la satisfaction de devenir la cause déterminante d'une rupture qui ne devait pas tarder.

Le prince de Conti poursuivait sa campagne de Catalogne et assiégeait Palamos. Daniel de Cosnac, partant de Paris pour remplir une nouvelle mission près du prince, le rejoignit devant cette place. Ses *Mémoires* racontent le danger qu'il y courut. On sait pour quels motifs le siége de Palamos dut être abandonné. L'évêque de Valence retourna à Paris, où il venait d'être nommé député à l'assemblée du clergé.

Le cardinal Mazarin persistait à considérer l'évêque de Valence comme l'intermédiaire obligé, malgré les soins nouveaux que lui donnait son mandat de député, des affaires du prince de Conti ; nous détachons la phrase qui va suivre d'une de ses lettres au prince, datée de Fontainebleau, le 18 octobre 1655 :

« Après avoir escrit la lettre cy-jointe, j'ay entretenu au long M. de Valence, et j'ay receu celle qui porte la prise d'Ampurias et des Mèdes, et de quoy j'ay beaucoup de joye[1]. »

Nous détachons encore d'une autre lettre du cardinal, datée de Paris, le 15 décembre 1655, le passage suivant :

« Si par les bons ordres que vous avés donnés, il vous peut réussir de conserver Solsonne et de mettre Roses en bon estat, je conçois de grandes espérances pour le service du Roy et pour vostre gloire dans cette province-là. J'ai eu une rencontre de faire quelque chose à votre advantage, dont je me remets à M. de Va-

---

1. Minute inédite. *Archives du ministère des Affaires étrangères;* affaires d'Espagne, vol. 30.

lence, et je demeure asseurément le plus passionné et véritable serviteur que vous ayez [1]. »

Cette affectation que met le cardinal Mazarin à dire au prince de Conti qu'il s'en remet à l'évêque de Valence pour la suite à donner à une chose qui lui est avantageuse, témoigne assez que le cardinal voulait dissuader le prince d'une rupture; et, puisqu'il vient d'être question de Solsonne, rappelons qu'auprès de cette ville venait de se livrer un combat où Clément de Cosnac, enseigne des gens d'armes de Conti, frère cadet de Daniel de Cosnac, venait d'être mortellement blessé, après avoir eu son cheval tué sous lui [2].

La lettre que l'on vient de lire est la dernière de la correspondance du cardinal avec le prince de Conti où il soit question de l'évêque de Valence, parce que la rupture entre le prince et le prélat était devenue définitive. Celui-ci, cependant, ne put résister une fois encore aux instances du prince, lui demandant de faire les démarches nécessaires pour lui obtenir, au détriment du duc de Mercœur, le commandement de l'armée d'Italie. Il nous dit dans ses *Mémoires* à quel point cette démarche lui fut pénible, en raison du dévouement que lui avait témoigné la duchesse de Mercœur pour le soutenir à la cour, alors qu'il y était le plus vivement attaqué par le prince de Conti.

Cette armée d'Italie et le régiment de Cosnac furent le sujet de la lettre qui va suivre, écrite à l'évêque de Valence par le cardinal Mazarin :

Le cardinal Mazarin a Monsieur l'évêque de Valence.

« A Metz, le 27 octobre 1657.

« Je veux croire tout ce que vous me marquez à l'esgard du régiment de Monsieur vostre frère; mais c'est un grand malheur qu'une levée à laquelle on travailloit dez le mois d'avril n'ayt paru qu'en septembre, puisque, si nous eussions eu à point nommé le renfort d'infanterie dont nous avions fait estat, nous

---

1. Minute inédite. *Archives du ministère des Affaires étrangères;* affaires d'Espagne, vol. 30.
2. Voy. la *Gazette* du 15 septembre 1655.

aurions pu éviter les inconvénients qui sont arrivez, et il eust beaucoup mieux valu pour le service de Sa Majesté qu'il eust moins mené de soldats, et qu'il fust arrivé plus tost à l'armée. Vous voulez bien que je vous en parle avec cette franchise, estant comme je suis [1]... »

Le régiment de Cosnac avait pris part l'année précédente avec son chef, Armand, marquis de Cosnac, frère aîné de l'évêque de Valence, au siége et à la prise de la ville de Valence, en Italie. Cette campagne de 1656 avait à tel point diminué l'effectif de son régiment, que le marquis de Cosnac avait été obligé de revenir en France pour chercher des recrues. A cette époque, où les armées n'étaient composées que de soldats volontaires et où le recrutement était laissé en entier aux soins des chefs de corps, cette opération n'était pas toujours facile. Un régiment n'était alors limité, ni dans le nombre de ses hommes, ni dans celui de ses compagnies : tel régiment n'avait que deux compagnies, et même une seule, tandis que d'autres en avaient jusqu'à trente. Les colonels ou les mestres de camp tâchaient de réunir l'effectif le plus considérable que pouvaient leur permettre leur fortune ou leurs sacrifices. Le désir et la difficulté de maintenir un beau et nombreux régiment avait été la cause du retard dont parle le cardinal Mazarin. La levée de son régiment et le maintien de son effectif jetèrent le marquis de Cosnac dans des dépenses qui obérèrent sa fortune pendant toute sa vie [2].

Le régiment de Cosnac fut rappelé en France en 1658 ; deux compagnies, restées à l'armée d'Italie, furent l'objet des trois lettres suivantes.

QUARTIERS D'HIVER DE L'ARMÉE D'ITALIE EN 1658.

Dépêche du roi a M. le duc de Navailles.

« Mon cousin, comme il y a plusieurs régiments et compagnies d'infanterie qui sont très-foibles et hors d'estat d'estre maintenus,

---

1. Minute inédite. *Archives du ministère des Affaires étrangères;* affaires d'Espagne, vol. 33. Cette lettre aurait dû être classée parmi les documents concernant les affaires d'Italie.
2. Voy. les *Mémoires de Daniel de Cosnac*, tome I, p. 444.

j'ay résolu de faire les réductions qui m'ont été proposées de la part de mon cousin le duc de Modène, savoir de réduire les régiments de Livron, de Languedoc, de la Marine, du Levant, de Montpeyroux, en une seule compagnie chacun; de licencier les deux compagnies du régiment de Cosnac qui sont restées en Italie, et de faire distribuer leurs sergents et soldats qui y restent dans le régiment d'infanterie d'Aubeterre[1]. »

LETTRE DU ROI A M. LE MARQUIS DE COSNAC.

« Monsieur le marquis de Cosnac, estant bien informé de la foiblesse des deux compagnies de vostre régiment d'infanterie qui sont restées en Italie, j'ay résolu de les licencier, et j'ay bien voullu vous escrire cette lettre pour vous dire que vous ayez à faire retirer les officiers desdites deux compagnies chacun chez soi, et, quant aux sergents et soldats d'icelles, que vous les fassiez entrer dans les compagnies du régiment d'infanterie de la Serre-Aubeterre, où ils seront distribués et incorporés suivant l'ordre que j'en donne à celuy qui commande. Et la présente n'estant pour autre fin, je prie Dieu[2]...

« Escrit à Lyon, le 10 décembre 1658. »

LETTRE DU ROI A M. LE COMTE D'AUBETERRE.

« Monsieur le comte de la Serre-Aubeterre, donnant ordre pour le licenciement des deux compagnies du régiment d'infanterie de Cosnac qui sont restées en Italie, et pour en distribuer les sergents et soldats dans celuy qui est soubz vostre charge, je vous faicts cette lettre pour vous dire que vous ayez à recevoir dans ledit régiment les sergents et soldats desdites compagnies du Cosnac et à les départir également dans celles dont le vostre est composé, en les y employant ainsy que ceux quy y sont présentement. Et sur ce, je prie Dieu...

« Escrit à Lyon, le 10 décembre 1658[3]. »

Le régiment de Cosnac fut lui-même licencié en 1660, après la paix des Pyrénées, dont le résultat fut d'amener la réduction de l'effectif de nos armées.

---

1. Fragment d'une minute inédite. *Archives du ministère de la Guerre;* vol. 154.
2. Minute inédite. *Archives du ministère de la Guerre;* vol. 154.
3. Minute inédite. *Archives du ministère de la Guerre;* vol. 154.

Imprimerie Gouverneur, G. Daupeley à Nogent-le-Rotrou.

www.ingramcontent.com/pod-product-compliance
Lightning Source LLC
Chambersburg PA
CBHW060519050426
42451CB00009B/1057